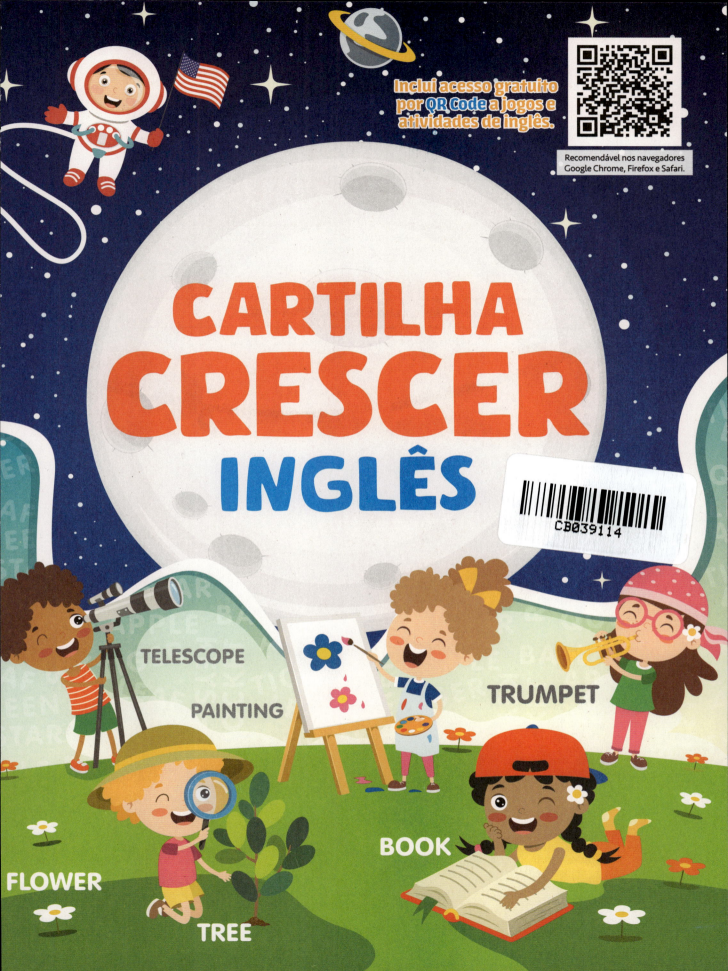

FICHA CATALOGRÁFICA

Dados Internacionais de Catalogação na Publicação (CIP) de acordo com ISBD

M838c   Moreira, Tânia Araújo.

         Cartilha Crescer - Inglês / Tânia Araújo Moreira. - Jandira, SP : Ciranda Cultural, 2023.

         128 p. : il.; 20,10cm x 26,80cm - (Coleção).

         ISBN: 978-65-5500-825-8

         1. Estudo de língua inglesa. 2. Idioma. 3. Cartilha. 4. Ensino. 5. Inglês. 6. Apoio escolar. I. Título. II. Série.

2023-1157   CDD 420.7
                                                                          CDU 811.111-(37)

Elaborado por Lucio Feitosa - CRB-8/8803

Índice para catálogo sistemático:
1. Estudo de língua inglesa 420.7
2. Estudo de língua inglesa 811.111-(37)

© 2023 Ciranda Cultural
Editora e Distribuidora Ltda.
Produção: Ciranda Cultural
Texto: Tânia Araujo Moreira
Ilustrações: ShutterStock
Projeto gráfico: Jarbas C. Cerino
Preparação de texto: Karina Barbosa dos Santos
Revisão: Danielle Mendes Sales e Lígia Arata Barros
Produção Musical: Marcos Schreiber
Intérpretes: Coro Infantil CIDADE 300
Listening – Vozes: Pedro Joaquin Suarez Stacie Leeann da Silva Kayleeana Maria da Silva
Produção: gravação/edição/mixagem: Marcos Schreiber

1ª Edição em 2023
2ª Impressão em 2024
www.cirandacultural.com.br
Todos os direitos reservados.

Créditos das ilustrações: Shutterstock, capa= yusufdemirci; 1 até 125= Olga1818; 3, 5, 7, 11, 20= Beskova Ekaterina; 8, 9, 10, 11= Lexi Claus; 3, 4=yusufdemirci; 18, 22, 53= Ksenya Savva; 32, 45= Sunnydream; 5, 15, 23, 36, 38, 39, 52, 55= Milya Shaykh; 43= d-e-n-i-s; 42= Reenya; 54, 55, 58, 59, 63, 70, 71, 79, 91, 94, 103, 123, 128= Lyudmyla Kharlamova; 30, 31, 43, 44, 56, 84, 87, 88, 90, 92, 94, 115, 119, 122, 123= Iconic Bestiary; 98, 99, 118, 119, 120, 121, 124, 125= mything.

ACTIVITY 1

INTRODUCING MYSELF

OLÁ, ESSA É SUA CARTILHA DE INGLÊS.
VAMOS COMEÇAR NOSSA JORNADA!

ESCREVA SEU NOME E FAÇA
UM DESENHO DE VOCÊ MESMO(A).

MY NAME IS _____

THIS IS ME:

ACTIVITY 2

THE ENGLISH ALPHABET

PINTE AS LETRAS MAIÚSCULAS E CUBRA O PONTILHADO DAS LETRAS MINÚSCULAS. VAMOS CANTAR O ALFABETO!

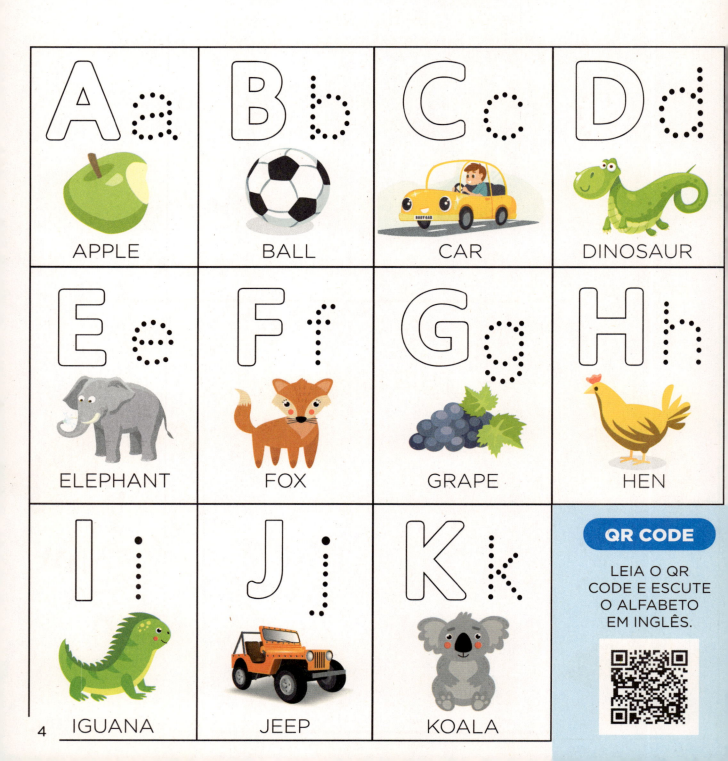

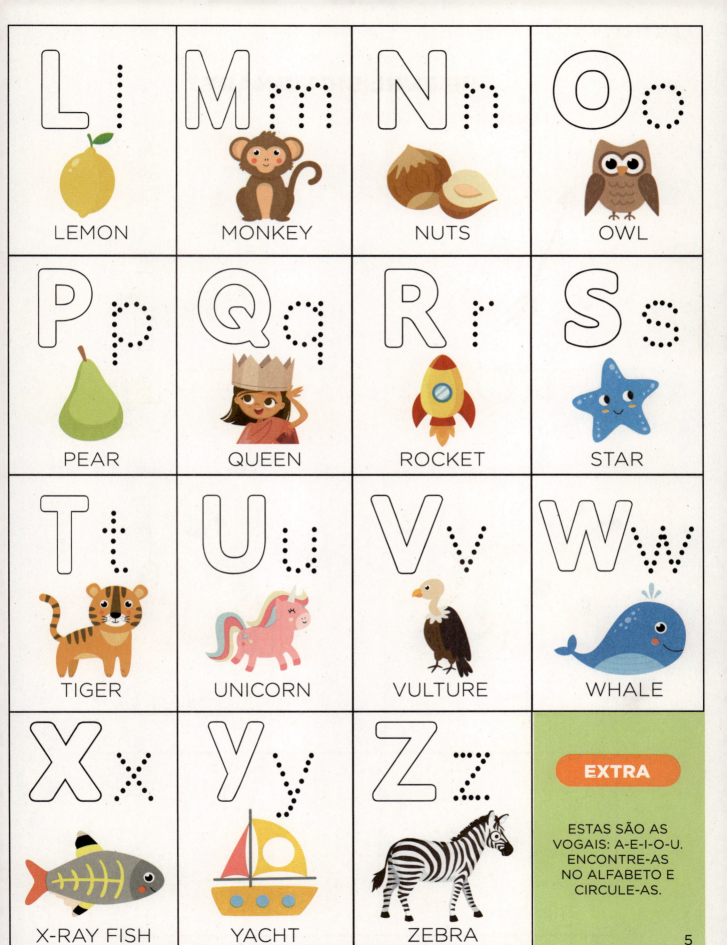

ACTIVITY 3

PICTURE DICTIONARY

PINTE AS LETRAS **A** E TRACE AS LETRAS **B**.

Arrow

Apple

Bee

Bear

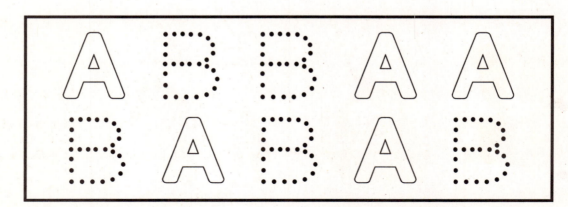

ACTIVITY 4

PICTURE DICTIONARY

LIGUE OS PONTOS PARA FORMAR AS PALAVRAS.
DEPOIS, REORDENE AS LETRAS NA POSIÇÃO CORRETA.

CAT
ATC _____

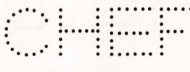
CHEF
FEHC _____

DUCK
CKUD _____

DOG
OGD _____

ACTIVITY 5

PICTURE DICTIONARY

TRACE AS LETRAS **E** E PINTE AS LETRAS **F**.

EGG   ELEPHANT

FLY   FROG

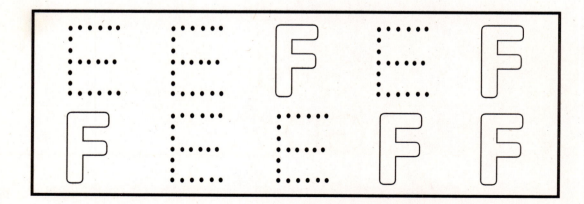

ACTIVITY 6

PICTURE DICTIONARY

TRACE AS LETRAS **G** E **H**.
DEPOIS, ESCREVA MAIS PALAVRAS QUE INICIEM COM ESSAS LETRAS.

GOAT

_____

_____

GLUE

_____

_____

HOUSE

_____

_____

HAT

_____

_____

ACTIVITY 7

PICTURE DICTIONARY

PINTE AS LETRAS **I** E TRACE AS LETRAS **J**.

Igloo

Ice cubes

Jar

Juice

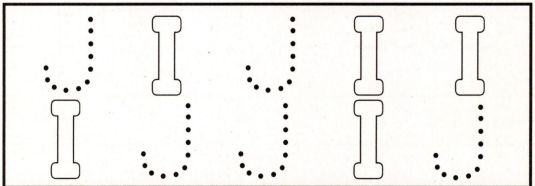

10

ACTIVITY 8

PICTURE DICTIONARY

LIGUE CADA FIGURA À PALAVRA CORRESPONDENTE.

KING

LEAF

LION

KEYS

ACTIVITY 9

PICTURE DICTIONARY

TRACE AS LETRAS **M** E PINTE AS LETRAS **N**.

Milk

Moon

Nest

Notebook

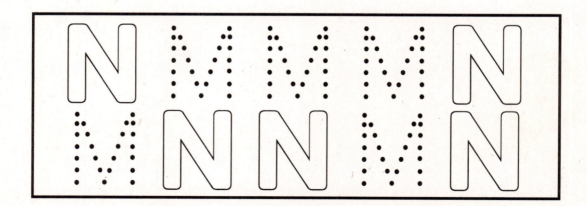

ACTIVITY 10

PICTURE DICTIONARY

LIGUE OS PONTOS PARA FORMAR AS PALAVRAS. DEPOIS, REORDENE AS LETRAS NA POSIÇÃO CORRETA.

ORANGE
EGNARO _____

OCTOPUS
SUPOTCO _____

PENCIL
LICNEP _____

PRINCESS
SSECNIRP _____

ACTIVITY 11

PICTURE DICTIONARY

TRACE AS LETRAS **Q** E PINTE AS LETRAS **R**.

Queen

Quill Pen

Rabbit

Rocket

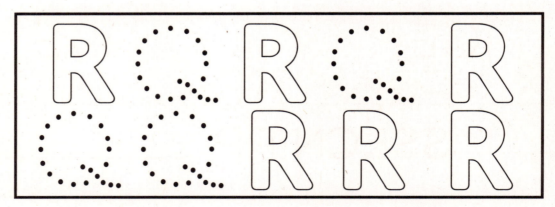

PICTURE DICTIONARY

TRACE AS LETRAS **S** E **T**. DEPOIS, ESCREVA MAIS PALAVRAS QUE INICIEM COM ESSAS LETRAS.

Socks

Sandwich

Tiger

Tree

ACTIVITY 12

ACTIVITY 13

PICTURE DICTIONARY

TRACE AS LETRAS **U** E PINTE AS LETRAS **V**.

Umbrella   Unicorn

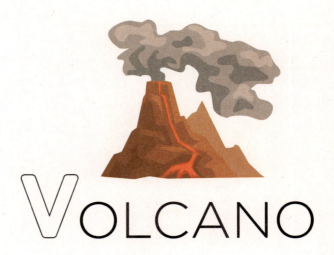

Vase   Volcano

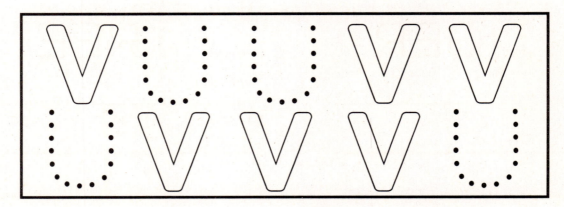

PICTURE DICTIONARY

LIGUE CADA FIGURA À PALAVRA CORRESPONDENTE.

X-RAY

WHALE

WINDOW

XYLOPHONE

ACTIVITY 15

PICTURE DICTIONARY

PINTE AS LETRAS **Y** E TRACE AS LETRAS **Z**.

Yo-Yo

Yogurt

Zebra

Zero

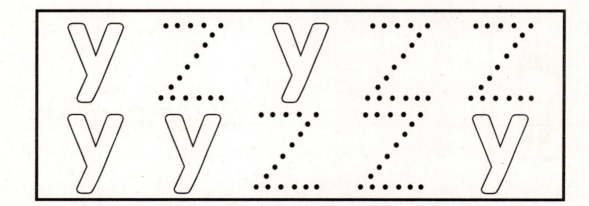

ACTIVITY 16

HOW TO COUNT IN ENGLISH

LIGUE OS PONTOS PARA FORMAR OS NÚMEROS E CONTE DE 0 A 20.

0	1	2	3	4	5
ZERO	ONE	TWO	THREE	FOUR	FIVE

6	7	8	9	10	11
SIX	SEVEN	EIGHT	NINE	TEN	ELEVEN

12	13	14	15	16	17
TWELVE	THIRTEEN	FOURTEEN	FIFTEEN	SIXTEEN	SEVENTEEN

18	19	20
EIGHTEEN	NINETEEN	TWENTY

QR CODE

LEIA O QR CODE E ESCUTE OS NÚMEROS EM INGLÊS.

ACTIVITY 17

HOW OLD ARE YOU?

COMPLETE COM SUA IDADE USANDO NÚMEROS E DEPOIS ESCREVA A IDADE POR EXTENSO. PINTE OS DESENHOS.

I AM _____ YEARS OLD.

NUMBER: _____

LET'S SING A SONG!

VAMOS CANTAR
FIVE LITTLE MONKEYS

FIVE LITTLE MONKEYS JUMPING ON THE BED
ONE FELL OFF AND BUMPED HIS HEAD
MAMA CALLED THE DOCTOR AND THE DOCTOR SAID
"NO MORE MONKEYS JUMPING ON THE BED!"

FOUR LITTLE MONKEYS JUMPING ON THE BED
ONE FELL OFF AND BUMPED HIS HEAD
MAMA CALLED THE DOCTOR AND THE DOCTOR SAID
"NO MORE MONKEYS JUMPING ON THE BED!"

THREE LITTLE MONKEYS JUMPING ON THE BED
ONE FELL OFF AND BUMPED HIS HEAD
MAMA CALLED THE DOCTOR AND THE DOCTOR SAID
"NO MORE MONKEYS JUMPING ON THE BED!"

TWO LITTLE MONKEYS JUMPING ON THE BED
ONE FELL OFF AND BUMPED HIS HEAD
MAMA CALLED THE DOCTOR AND THE DOCTOR SAID
"NO MORE MONKEYS JUMPING ON THE BED!"

ONE LITTLE MONKEY JUMPING ON THE BED
HE FELL OFF AND BUMPED HIS HEAD
MAMA CALLED THE DOCTOR AND THE DOCTOR SAID
"PUT THOSE MONKEYS RIGHT TO BED!"

QR CODE

LEIA O QR CODE E ESCUTE A CANÇÃO.

ACTIVITY 19

HOW MANY?

CONTE AS IMAGENS. DEPOIS, TRACE OS NÚMEROS.

1 ONE	2 TWO	3 THREE	4 FOUR
APPLE	CATS	ROCKETS	SHOES

5 FIVE	6 SIX	7 SEVEN
BANANAS	EGGS	PENCILS

8 EIGHT	9 NINE	10 TEN
BOXES	PINEAPPLES	KITES

ACTIVITY 20

WHAT IS THE CORRECT NUMBER?

CIRCULE O NÚMERO CORRETO DE ACORDO COM AS QUANTIDADES.

ACTIVITY 21

HOW MANY?

CONTE AS FORMAS, DEPOIS LIGUE AS QUANTIDADES AO NÚMERO CORRESPONDENTE.

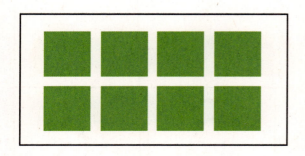 

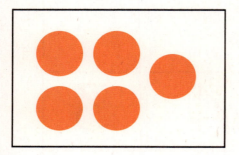 

ACTIVITY 22

LOOK AND FIND

PROCURE OS ITENS NO DESENHO E ESCREVA A QUANTIDADE ENCONTRADA DE CADA UM.

_____ TREASURE CHEST   _____ BOATS   _____ STARFISHES

_____ ANCHORS   _____ SUBMARINES   _____ CHILDREN

_____ PUFFERFISHES   _____ DUCKS   _____ KEYS

_____ BALLS

25

ACTIVITY 23

WHEN IS YOUR BIRTHDAY?

QUANDO É O SEU ANIVERSÁRIO?
COMPLETE COM OS NÚMEROS. DEPOIS, DIGA-OS EM VOZ ALTA.

MY BIRTHDAY IS ON

_____ / _____
(MONTH)   (DAY)

HAPPY BIRTHDAY!

ESCREVA A SUA IDADE NA FAIXA. DEPOIS, REPRESENTE O NÚMERO INSERINDO A QUANTIDADE DE VELAS NO BOLO.

HAPPY _____ th BIRTHDAY!!!

ACTIVITY 24

ACTIVITY 25

LET'S THROW A PARTY!

VAMOS FAZER UMA FESTA! CIRCULE APENAS OS OBJETOS QUE SÃO NECESSÁRIOS PARA A SUA FESTA DE ANIVERSÁRIO.

CAR

NOTEBOOK

GLUE

LAMP

GIFT

CAKE

CANDLE

JUICE

BIRTHDAY CARD

BAG

TREE

BALLOONS

MUSIC

CUSHION

PC

GUESTS

ACTIVITY 26

WHAT IS THE MONTH OF YOUR BIRTHDAY?

QUAL É O MÊS DO SEU ANIVERSÁRIO? CIRCULE SUA RESPOSTA E TRACE OS NÚMEROS PONTILHADOS DOS MESES DO ANO.

QR CODE

LEIA O QR CODE E APRENDA A FALAR OS MESES DO ANO EM INGLÊS.

29

ACTIVITY 27

CELEBRATIONS

JANUARY
1ST – NEW YEAR'S DAY

FEBRUARY
CARNIVAL

MARCH
8TH – INTERNATIONAL WOMEN'S DAY

APRIL
EASTER

MAY
1ST – LABOR DAY

JUNE
JUNE FESTIVAL

SEU ANIVERSÁRIO É UMA CELEBRAÇÃO. QUAIS OUTRAS CELEBRAÇÕES ACONTECEM NO ANO? TRACE O NOME DE CADA MÊS.

ACTIVITY 28

WORD SEARCH

ENCONTRE OS MESES NO CAÇA-PALAVRAS E CIRCULE-OS.

1. JANUARY	5. MAY	9. SEPTEMBER
2. FEBRUARY	6. JUNE	10. OCTOBER
3. MARCH	7. JULY	11. NOVEMBER
4. APRIL	8. AUGUST	12. DECEMBER

```
C D N A J S E P T E M B E R U W N
M L P P Y U D Z J B Q N K V Q S J
S R U R N R Y G I Q D F T A S L C
U F M I S D C T T F M Z X O A F B
X F D L A Q H F B L T A E J M E G
K L R O W O D E C E M B E R K B P
K W G N F C Y R J S P Q F I D R O
R N H V M T T C E T F N M S U U Y
S S V M B O E D M H D O C F Y A Q
Y F R K D B Q N S A B V K W O R I
T J I X J E K Q J U C E N K R Y G
W D J U R W X Z G Z M M A C I X
Y M S Q N W K J S U G B A J S D Y
I W Z Z E O H U I S S E Y K T Z E
U V L Y F J R L F T L R S W Q J X
M A R C H P L Y K Y L W B Y D R Q
O R X V F K Q F T J A N U A R Y G
```

ACTIVITY 29

SEASONS

VAMOS APRENDER AS ESTAÇÕES DO ANO?
LIGUE OS PONTOS E DESCUBRA OS NOMES.

QUANTAS ESTAÇÕES O ANO TEM?

THERE ARE _____ SEASONS IN THE YEAR.

ACTIVITY 30

HUMAN BODY

VAMOS APRENDER AS PARTES DO CORPO. TRACE OS PONTILHADOS PARA ESCREVER OS NOMES.

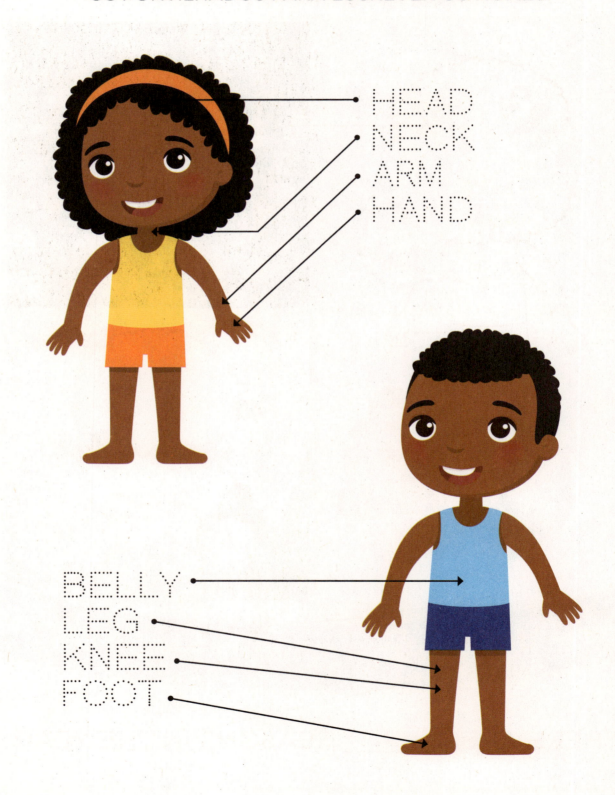

LOOK AND PAINT THE CHILDREN'S BODY

OBSERVE E PINTE O CORPO DAS CRIANÇAS. DEPOIS, TRACE AS PALAVRAS PONTILHADAS.

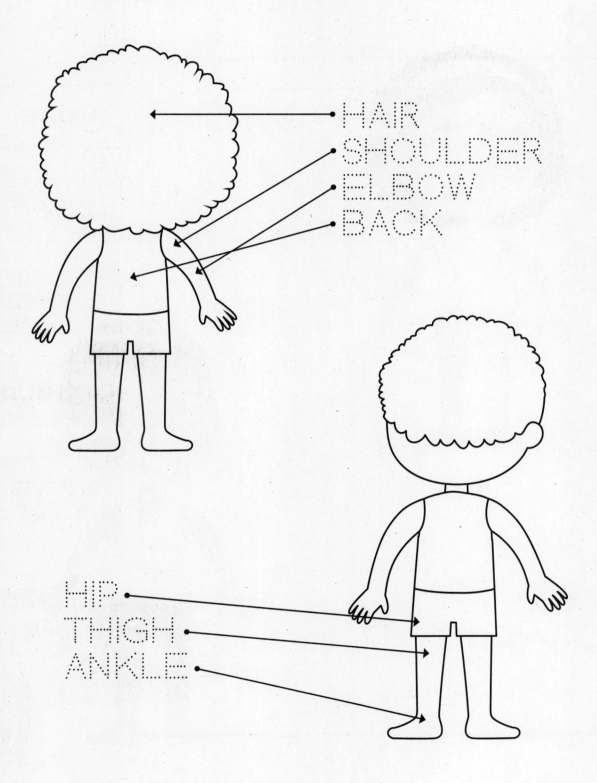

ACTIVITY 32

THIS IS MY HAND

COLOQUE SUA MÃO NO QUADRO ABAIXO E USE A OUTRA MÃO PARA CONTORNÁ-LA COM UM LÁPIS. CONTE OS DEDOS E ESCREVA OS NÚMEROS DENTRO DE CADA DEDO.

1. ONE
2. TWO
3. THREE
4. FOUR
5. FIVE

THE FINGER FAMILY

TRACE AS VOGAIS PONTILHADAS E DESCUBRA O NOME DE CADA DEDO NA FAMÍLIA DOS DEDOS!

1. POLEGAR: THUMB – DADDY FINGER

2. INDICADOR: INDEX FINGER – MOMMY FINGER

3. DO MEIO: MIDDLE FINGER – BROTHER FINGER

4. ANELAR: RING FINGER – SISTER FINGER

5. MINDINHO: LITTLE FINGER – BABY FINGER

QR CODE

LEIA O QR CODE E ESCUTE A CANÇÃO *FINGER FAMILY.*

ACTIVITY 34

LOOK AT YOUR HANDS

OLHE PARA SUAS MÃOS. VOCÊ CONSEGUE VER UM DINOSSAURO? NÃO?! ENTÃO VAMOS FAZER UM, USANDO AS MÃOS! SIGA O PASSO A PASSO.

1. FECHE UMA DE SUAS MÃOS.
2. LEVANTE O DEDO MINDINHO E O POLEGAR.
3. MANTENHA A POSIÇÃO E COLOQUE ESTA MÃO NO PAPEL.
4. COM A OUTRA, TRACE O CONTORNO DA SUA MÃO COM UM LÁPIS.
5. PRONTO! AGORA COMPLETE O DINOSSAURO: DE UM LADO FAÇA O RABO, DO OUTRO FAÇA A CABEÇA. USE A IMAGINAÇÃO!

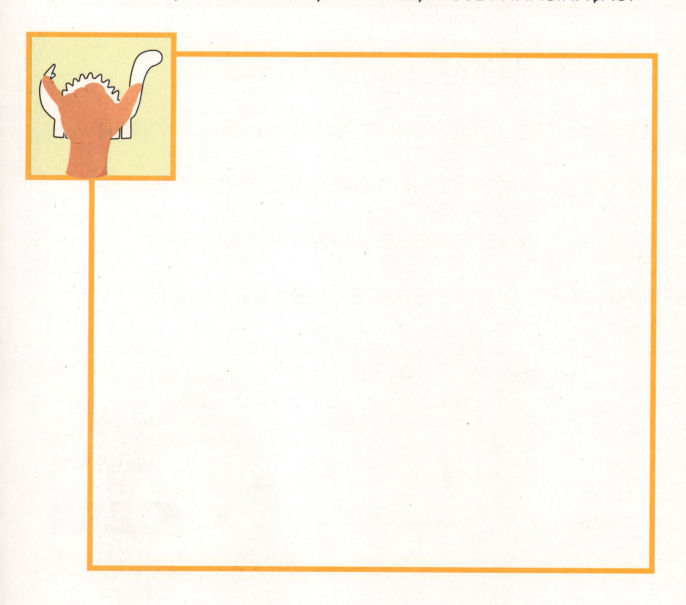

ACTIVITY 35

TOUCH YOUR FACE

SINTA SEU ROSTO. TOQUE O CABELO, SOBRANCELHAS, NARIZ E BOCA. AGORA DESENHE SEU ROSTO. DEPOIS, TRACE OS PONTILHADOS PARA DESCOBRIR OS NOMES DESSAS PARTES.

HAIR
EYEBROW
NOSE
MOUTH

ACTIVITY 36

TYPES OF EMOTION

FAÇA UMA CARETA EM FRENTE AO ESPELHO: UMA CARETA ASSUSTADORA DE DINOSSAURO. ISSO É DIVERTIDO! AGORA TRACE AS PALAVRAS ABAIXO.

SCARED

HAPPY

CUNNING

SAD

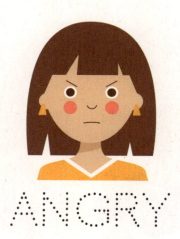
ANGRY

SURPRISED

ACTIVITY 37

PARTS OF THE FACE

TRACE OS PONTILHADOS E DESCUBRA AS PARTES DO ROSTO.

HEAD
EYEBROW
EYE
NOSE
MOUTH
LIP
CHIN

FOREHEAD
EAR
CHEEK
TEETH
TONGUE
NECK

FRENTE

CURL
HAIR

COSTAS

ACTIVITY 38

INSIDE THE MOUTH

O QUE TEM DENTRO DA BOCA? PASSE A LÍNGUA NOS SEUS DENTES E NO CÉU DA BOCA. AGORA TRACE AS PALAVRAS ABAIXO.

TOOTH

TOOTHBRUSH

TONGUE

FLOSS

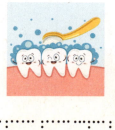

TEETH

ACTIVITY 39

ANIMAL BODY

COMO É O CORPO DOS ANIMAIS? COMPLETE OS DESENHOS COM AS PARTES QUE FALTAM E PREENCHA O TRACEJADO PARA DESCOBRIR SEUS NOMES.

ARMS

EARS

TEETH

NOSE

NECK

43

ACTIVITY 40

LET'S SING A SONG!

VAMOS CANTAR
HOKEY POKEY SONG

YOU PUT YOUR ONE HAND IN
YOU PUT YOUR ONE HAND OUT
YOU PUT YOUR ONE HAND IN
AND YOU SHAKE IT ALL ABOUT
YOU DO THE HOKEY POKEY
AND YOU TURN YOURSELF AROUND
THAT'S WHAT IT'S ALL ABOUT

OH, HOKEY, HOKEY POKEY
OH, HOKEY, HOKEY POKEY
OH, HOKEY, HOKEY POKEY
THAT'S WHAT IT'S ALL ABOUT

YOU PUT YOUR ONE FOOT IN
YOU PUT YOUR ONE FOOT OUT
YOU PUT YOUR ONE FOOT IN
AND YOU SHAKE IT ALL ABOUT
YOU DO THE HOKEY POKEY
AND YOU TURN YOURSELF AROUND
THAT'S WHAT IT'S ALL ABOUT

OH, HOKEY, HOKEY POKEY
OH, HOKEY, HOKEY POKEY
OH, HOKEY, HOKEY POKEY
THAT'S WHAT IT'S ALL ABOUT
HOKEY POKEY

QR CODE

LEIA O QR CODE E ESCUTE
HOKEY POKEY SONG.

BODY MOVEMENTS

OBSERVE AS ILUSTRAÇÕES E INSIRA NOS QUADRADOS O NÚMERO CORRESPONDENTE A CADA MOVIMENTO.

1. TO RUN

2. TO STRETCH

3. TO JUMP

4. TO OPEN

5. TO CLOSE

6. TO SWIM

7. TO DANCE

8. TO SIT DOWN

9. TO STAND UP

10. TO WALK

ACTIVITY 42

WORD SEARCH

ENCONTRE AS PALAVRAS QUE REPRESENTAM AS FIGURAS.

LEGS MOUTH HEAD EAR
FOOT HAND EYE ARM

E	Y	E	A	F	G	A	A
I	P	C	O	E	A	R	B
R	B	E	H	I	C	M	I
C	A	F	A	R	D	I	M
A	L	O	N	B	E	D	O
H	E	A	D	I	G	C	U
O	G	C	E	F	O	O	T
P	S	I	D	O	B	F	H

OPEN AND CLOSE

PINTE O ÔNIBUS E DEPOIS RECORTE-O. FAÇA ABERTURAS NAS PORTAS PARA ABRI-LAS E FECHÁ-LAS.

BUS – OPEN

═══ DOBRA
--- CORTE

ACTIVITY 43

BUS – CLOSE

ACTIVITY 44

CORRECT WORD

COMPLETE CADA FRASE COM A PALAVRA CORRETA.

PLAY • RUN • DANCE • JUMP

FROGS _____ VERY HIGH.

PEOPLE _____ AT THE PARTY.

WE _____ IN THE PARK.

DOGS _____ VERY FAST.

ACTIVITY 46

LEFT AND RIGHT

MENINOS CORREM PARA A ESQUERDA, MENINAS CORREM PARA A DIREITA. TRACE O CAMINHO DELES.

BODY PARTS

LIGUE AS PARTES DO CORPO AOS MOVIMENTOS QUE ELAS PODEM FAZER.

LEGS	CLAP
FEET	RUN
HANDS	OPEN
EYES	HUG
ARMS	WALK

ACTIVITY 48

LABYRINTH

A MENINA SE MOVIMENTOU MUITO. AJUDE-A A CHEGAR ATÉ O CHUVEIRO.

ACTIVITY 49

PERSONAL HYGIENE

HIGIENE PESSOAL É MUITO IMPORTANTE.
LIGUE AS FIGURAS ÀS FRASES CORRETAS.

1. WASH YOUR HANDS.

2. TAKE A SHOWER.

3. BRUSH YOUR TEETH.

4. DO THE LAUNDRY.

ACTIVITY 50

TAKING A SHOWER

OBSERVE A CENA ABAIXO E INSIRA O NOME DOS ITENS EM INGLÊS.

SHOWER • BATHTUB • SOAP • TOWEL
SHAMPOO • BATH SPONGE • WATER

ACTIVITY 51

BRUSHING YOUR TEETH

OBSERVE A CENA ABAIXO E INSIRA O NOME DOS ITENS EM INGLÊS.

MOUTH • DENTAL FLOSS • TOOTHBRUSH TOOTHPASTE • GLASS OF WATER

ACTIVITY 52

COMPLETE THE SENTENCES

COMPLETE AS FRASES ABAIXO COM AS PALAVRAS CORRETAS.

SHOWER • HANDS • TEETH • FACE

1. WASH YOUR H __ __ __ __.

2. TAKE A S__ __ __ __ __.

3. WASH YOUR F__ __ __.

4. BRUSH YOUR T__ __ __ __.

ACTIVITY 53

WASHING YOUR HANDS

ESCREVA NA BOLSA O QUE VOCÊ USA PARA LAVAR AS MÃOS.

SOAP

 TOWEL

JUICE

 CHEESE

LEMON

 WATER

HAND SANITIZER

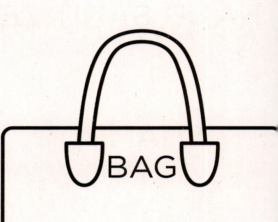

THE OBJECTS AND THE WORDS

LIGUE AS PALAVRAS ÀS IMAGENS.

HAND SANITIZER

SHAMPOO

TOOTHBRUSH

DEODORANT

FACE

HAND

MOUTH

ACTIVITY 55

WORD SEARCH

DEPOIS DE TOMAR BANHO, VESTIMOS NOSSAS ROUPAS. ENCONTRE AS PALAVRAS QUE CORRESPONDEM ÀS FIGURAS NO CAÇA-PALAVRAS ABAIXO.

SHORTS

T-SHIRT

CAP

SKIRT

P	C	P	A	N	T	S	B	U	G
Y	O	S	K	I	R	T	I	W	U
Y	A	Q	F	J	I	W	Y	T	V
E	T	Q	W	Z	D	N	M	T	O
C	C	A	P	G	R	D	Q	S	J
Z	V	D	J	I	E	S	C	H	G
H	B	J	T	R	S	N	N	I	Z
P	A	K	P	E	S	X	H	R	X
L	Z	G	D	U	B	F	D	T	J
S	Y	W	A	S	H	O	R	T	S

DRESS

COAT

PANTS

CROSSWORDS

ENCONTRE AS PALAVRAS NA CRUZADINHA.

ACTIVITY 57

CLOSET

CONTORNE AS PALAVRAS E LIGUE CADA UMA AO ITEM CORRESPONDENTE.

JEANS

SHORTS

T-SHIRT

SWIMSUIT

COAT

DRESS

SWIMMING TRUNKS

HOW IS THE WEATHER TODAY?

COMO ESTÁ O CLIMA HOJE? ESTÁ QUENTE OU FRIO? CIRCULE AS MELHORES ROUPAS PARA OS DIAS QUENTES E PINTE AS MELHORES ROUPAS PARA OS DIAS FRIOS.

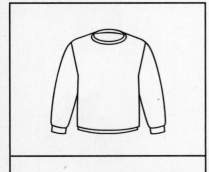

SWEATSHIRT

BOOTS

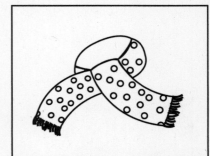

SCARF

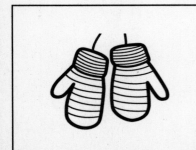

GLOVES

T-SHIRT

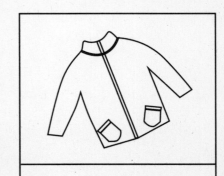

COAT

SANDALS

SHORTS

WOOL JACKET

ACTIVITY 58

ACTIVITY 59

IS IT HOT OR COLD TODAY?

HOJE O DIA ESTÁ QUENTE OU FRIO? O QUE VOCÊ ESTÁ VESTINDO? DESENHE E ESCREVA ABAIXO.

TODAY IS _____

I AM WEARING _____

_____

_____

ACTIVITY 60

LET'S DRESS THE GIRL AND THE BOY

LEIA AS PALAVRAS E DESENHE AS ROUPAS.

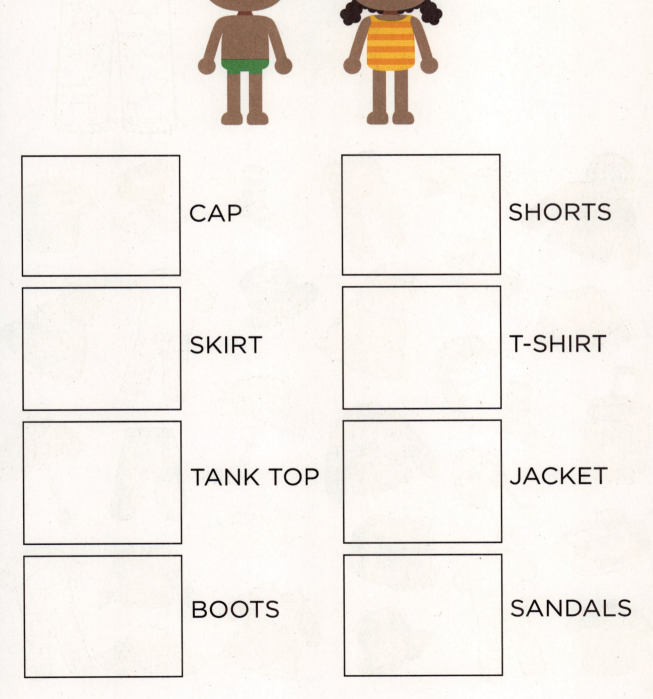

CAP — SHORTS

SKIRT — T-SHIRT

TANK TOP — JACKET

BOOTS — SANDALS

65

ACTIVITY 61

IT'S BEDTIME!

É HORA DE DORMIR. CONTORNE AS LETRAS PARA DESCOBRIR AS PALAVRAS. DEPOIS, ENCONTRE E CIRCULE OS PIJAMAS EM MEIO AOS DESENHOS.

PYJAMAS (UK)
PAJAMAS (US)

GOING TO BED

ANTES DE IR DORMIR, COMO VOCÊ SE SENTE? CONTORNE AS LETRAS PARA DESCOBRIR.

ACTIVITY 62

I FEEL SLEEPY.

HOW ARE YOU FEELING TODAY?

COMO VOCÊ ESTÁ SE SENTINDO HOJE? CONTORNE AS PALAVRAS E ESCREVA SEUS SENTIMENTOS.

HAPPY

TIRED

SAD

SHY

HUNGRY

ANGRY

I AM FEELING _____

ACTIVITY 64

EXPRESSING FEELINGS

PODEMOS USAR EMOJIS PARA EXPRESSAR SENTIMENTOS. LIGUE-OS ÀS PALAVRAS CORRESPONDENTES.

1.   HAPPY

2.   SHY

3.   SICK

4.   SLEEPY

5.   SURPRISED

6.   SAD

7.   ANGRY

ACTIVITY 65

WHAT ABOUT YOU? HOW DO YOU FEEL?

COMPLETE A FRASE E DESENHE O EMOJI QUE REPRESENTA SEUS SENTIMENTOS AGORA.

I AM _____

FEELINGS

OBSERVE AS ILUSTRAÇÕES E ESCREVA O RESPECTIVO ESTADO OU SENTIMENTO.

ACTIVITY 67

COLORS TO EXPRESS FEELINGS

USE AS CORES ABAIXO PARA COLORIR OS EMOJIS DE ACORDO COM CADA SENTIMENTO.

PURPLE	BLUE	YELLOW
SCARED	SAD	HAPPY
RED	GREEN	ORANGE
ANGRY	SICK	HUNGRY
GRAY	BROWN	PINK
BORED	THIRSTY	IN LOVE

ACTIVITY 68

FEELINGS MEMORY GAME

PINTE, RECORTE E DIVIRTA-SE COM O JOGO DA MEMÓRIA.

SLEEPY	SICK	HAPPY	BORED

HUNGRY	COLD	SCARED	HOT

SLEEPY	SICK	HAPPY	BORED

HUNGRY	COLD	SCARED	HOT

73

ACTIVITY 69

CONNECTING SENTENCES

LEIA AS FRASES, OBSERVE AS FIGURAS E LIGUE-AS AO SENTIMENTO CORRETO.

1. MARY IS  A) EXCITED

2. PETER IS  B) SLEEPY

3. ALEX IS  C) ANGRY

4. LUKE IS  D) BORED

5. JACKIE IS  E) HAPPY

6. MARTHA IS  F) SAD

ACTIVITY 70

IT'S LUNCHTIME!

LEVE AS CRIANÇAS ATÉ A COMIDA CONECTANDO OS NÚMEROS PARES.

THE KIDS ARE HUNGRY.

FOOD AND DRINKS

TRACE AS PALAVRAS E, DEPOIS, CIRCULE OS LÍQUIDOS DE AZUL E OS SÓLIDOS DE VERMELHO.

SOUP   PASTA

FRUITS   SALAD

BREAD   MILK

WATER   ICED TEA

SODA   JUICE

ACTIVITY 72

FRUITS AND VEGETABLES

CONTORNE AS LETRAS, DEPOIS CIRCULE AS FRUTAS DE VERMELHO E OS VEGETAIS DE AZUL.

GRAPES AVOCADO

POTATO ORANGE CARROT

STRAWBERRY PINEAPPLE

CORN BROCCOLI LETTUCE

APPLE EGGPLANT

CAULIFLOWER

WATERMELON

ACTIVITY 73

FOOD

ENUMERE AS IMAGENS DE ACORDO COM A LISTA DE PALAVRAS.

1. RICE

2. SALAD

3. BREAD

4. PIZZA

5. BEANS

6. CHEESE

7. JUICE

8. CAKE

9. HOT DOG

10. HAMBURGER

79

ACTIVITY 74

ARE YOU THIRSTY?

CIRCULE AS BEBIDAS E PREENCHA A LISTA COM OS NOMES.

_____   _____

_____   _____

_____   _____

SOURCES

LIGUE OS ALIMENTOS ÀS SUAS FONTES DE ORIGEM.

FOOD   **SOURCE**

ACTIVITY 76

LET'S MAKE A FRUIT SALAD!

CONTORNE OS PONTOS PARA FORMAR AS PALAVRAS. DEPOIS, ESCOLHA AS FRUTAS DE QUE VOCÊ GOSTA E DESENHE-AS NA CESTA.

CHERRY APPLE
ORANGE MELON
WATERMELON KIWI
PEAR PEACH BANANA
STARFRUIT PAPAYA
MANGO

IS IT HEALTHY?

COLOQUE OS ALIMENTOS SAUDÁVEIS NA LISTA À ESQUERDA E OS NÃO SAUDÁVEIS NA LISTA À DIREITA.

 APPLE   SANDWICH

 SALAD    FISH

 CARROT   FAST FOOD

 PINEAPPLE   CAKE

 SODA   ICE CREAM

ACTIVITY 78

LIQUID AND SOLID FOOD

CIRCULE OS LÍQUIDOS DE VERMELHO E OS SÓLIDOS DE AZUL. DEPOIS, ESCREVA AS PALAVRAS NAS LISTAS CORRESPONDENTES.

MILK   PASTA   BREAD

MEATBALL   JUICE   TEA

MASHED POTATO   SOUP

HOT CHOCOLATE   SALAD

SOLID FOOD

LIQUID FOOD

DELICIOUS FRUITS

CUBRA AS PALAVRAS E, DEPOIS, LIGUE-AS AOS DESENHOS CORRESPONDENTES.

WATERMELON

PINEAPPLE

GRAPES

AVOCADO

ORANGE

PEACH

PEAR

KIWI

APPLE

STRAWBERRY

ACTIVITY 80

DELICIOUS VEGETABLES

CUBRA O PONTILHADO PARA ESCREVER AS PALAVRAS E, DEPOIS, LIGUE-AS AOS DESENHOS CORRESPONDENTES.

CUCUMBER

POTATO

CARROT

CORN

ONION

BROCCOLI

EGGPLANT

LETTUCE

MUSHROOM

CAULIFLOWER

ACTIVITY 81

ARE YOU HUNGRY?

ENUMERE AS IMAGENS DE ACORDO COM A LISTA DE PALAVRAS.

1. RICE □

2. SALAD □

3. BREAD □

4. BEANS □

5. PIE □

6. CEREAL □

ACTIVITY 82

ARE YOU THIRSTY?

CUBRA AS LINHAS PARA LEVAR APENAS O QUE É BEBIDA ATÉ A GARRAFA.

ACTIVITY 83

FAVORITE FOOD FOR EACH MEAL OF THE DAY

CONTORNE AS LETRAS PARA DESCOBRIR AS PALAVRAS E, DEPOIS, ESCREVA SUAS COMIDAS FAVORITAS PARA CADA REFEIÇÃO DO DIA. COLOQUE OS HORÁRIOS DAS REFEIÇÕES.

BREAKFAST
___ : ___

SNACK
___ : ___

LUNCH
___ : ___

DINNER
___ : ___

ACTIVITY 84

LET'S HAVE SOME FUN!

COMPLETE AS PALAVRAS PARA ESCREVER O NOME DOS BRINQUEDOS DE CADA CRIANÇA.

IT'S CAROL'S S__ __ __ __ B __ __ __ __.

IT'S LILLY'S K __ __ __.

IT'S ROBERTO'S C __ __.

IT'S HANNAH'S S __ O __ __ __ __.

90

CONNECT THE DOTS

LIGUE OS PONTOS PARA REVELAR O BRINQUEDO. DEPOIS, CONTORNE A PALAVRA PONTILHADA.

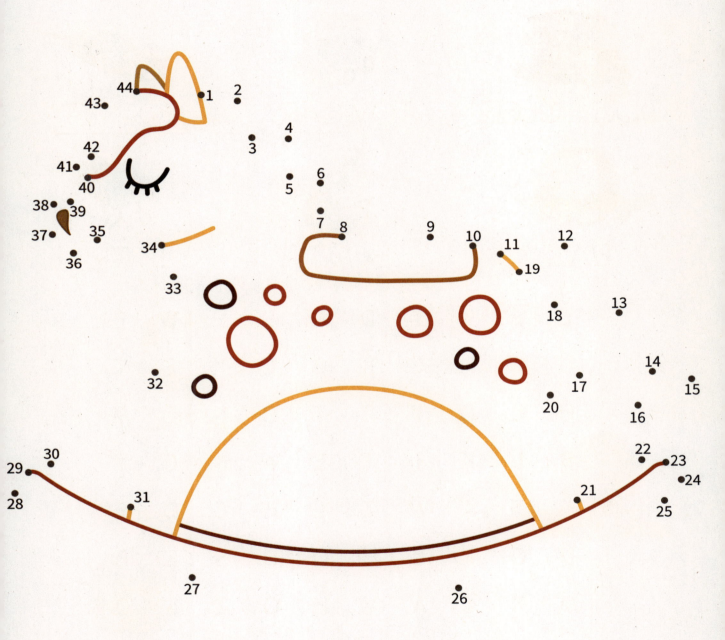

ACTIVITY 86

WORD SEARCH

ENCONTRE OS NOMES DOS BRINQUEDOS NO CAÇA-PALAVRAS.

DOLLHOUSE   TOY CAR   ROCKET

BALL   BOAT   KITE

L	B	K	T	D	G	B	H	W	E
U	A	H	C	R	O	C	K	E	T
H	L	Q	T	P	T	O	N	C	M
B	L	K	I	T	E	W	N	C	Y
C	T	A	W	Z	L	H	C	Q	E
D	O	L	L	H	O	U	S	E	B
M	X	C	A	V	H	O	Z	L	O
T	O	Y	C	A	R	L	H	V	A
Z	F	F	I	O	V	J	S	E	T
A	O	E	V	W	N	H	Q	T	V

ACTIVITY 87

HOW MANY?

OBSERVE A CENA ABAIXO E COMPLETE AS LACUNAS COM A QUANTIDADE DE BRINQUEDOS QUE APARECEM.

HOW MANY BICYCLES? _____

HOW MANY ROLLER SKATES? _____

HOW MANY SKATEBOARDS? _____

HOW MANY TOY CARS? _____

HOW MANY KITES? _____

HOW MANY BALLS? _____

ACTIVITY 88

YOUR FAVORITE TOY

DESENHE SEU BRINQUEDO FAVORITO
E ESCREVA O NOME DELE.

MY FAVORITE TOY IS A/AN:
_____

ACTIVITY 89

THE CORRECT WORD FOR EACH TOY

CIRCULE A PALAVRA CORRETA PARA CADA BRINQUEDO.

PLANE / BOAT

TRAIN / CAR

YO-YO / TEDDY BEAR

DOLL / TRUCK

BLOCKS / DOLLHOUSE

PUZZLE / KITE

BIKE / SCOOTER

ROLLER SKATES / HOUSE

ACTIVITY 90

YES OR NO?

LEIA AS FRASES E ASSINALE A RESPOSTA CORRETA.

IS IT A DOLL?
☐ YES ☐ NO

ARE THEY KITES?
☐ YES ☐ NO

IS IT A ROBOT?
☐ YES ☐ NO

IS IT A TOY CAR?
☐ YES ☐ NO

ARE THEY BALLOONS?
☐ YES ☐ NO

ARE THEY JIGSAW PUZZLES?
☐ YES ☐ NO

IS IT A ROLLER SKATE?
☐ YES ☐ NO

ACTIVITY 91

LET'S FIND OUT!

DECODIFIQUE AS LETRAS PARA ENCONTRAR AS PALAVRAS. DEPOIS, DESENHE OS BRINQUEDOS NOS QUADRADOS.

ACTIVITY 92

WHAT IS YOUR FAVORITE HOBBY?

QUAL É O SEU PASSATEMPO FAVORITO? COMPLETE A FRASE COM SUAS ATIVIDADES PREFERIDAS.

PLAY VIDEO GAME

RIDE A SKATEBOARD

FLY A KITE

PLAY SPORTS

READ BOOKS

WATCH TV

PLAY WITH TOYS

LISTEN TO MUSIC

RIDE A BIKE

I LIKE TO _____

_____

_____

RHYMES AND TONGUE TWISTERS

LEIA AS RIMAS E TRAVA-LÍNGUAS EM INGLÊS EM VOZ ALTA E DEPOIS PINTE OS DESENHOS.

THE SEASONS OF THE YEAR:

SPRING IS SHOWERY, FLOWERY, BOWERY;

SUMMER IS HOPPY, CROPPY, POPPY;

AUTUMN IS WHEEZY, SNEEZY, FREEZY;

WINTER IS SLIPPY, DRIPPY, NIPPY.

QR CODE

LEIA O QR CODE E ESCUTE *O TONGUE TWISTER.*

FUZZY WUZZY WAS A BEAR. FUZZY WUZZY HAD NO HAIR. FUZZY WUZZY WASN'T VERY FUZZY, WAS HE?

QR CODE

LEIA O QR CODE E ESCUTE *O TONGUE TWISTER.*

ACTIVITY 94

IT'S WORD SEARCH TIME!

VAMOS APRENDER ALGUMAS BRINCADEIRAS E PASSATEMPOS.

TAG

HOPSCOTCH

```
M F S H I N S R R D B E J J N Z E
J R Z X F C A C F O A K H D M K K
J M G Z I X N C U D D G B D H H H
T M Z H N T B Q J G C N Y S D K J
E Z C H I V N K I E L M P F W T A
O F U F D J L T N B S N T U H M F
K H N C L V C A O A S U A H R H I
Z X J M N P K G F L F H Z F T C K
V G P L A F D C P L K H X X A O G
G U G Y Y Y T X W J U M P R O P E
L M H I D E A N D S E E K A P E G
N M F O H H R A I W B M N M G D J
C P S R B M O P P H V J K Y X L F
X H I H O P S C O T C H G I D Q R
E Y N G L T U J J Q Y N T K X O O
X T U G O F W A R H U F Q K P N Y
K D K I H F H Q I R R F U P Z N J
```

DODGEBALL

JUMP ROPE

HIDE-AND-SEEK

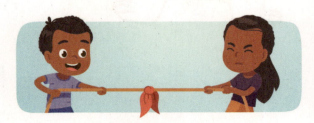

TUG OF WAR

100

ACTIVITY 95

CROSS THE ODD WORDS OUT

RISQUE AS PALAVRAS ESTRANHAS QUE NÃO COMBINAM COM O CONJUNTO.

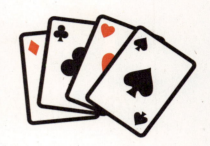

CHEESE – JUMP ROPE – PLAY CARDS

HIDE-AND-SEEK – PIZZA

GAMES – MARBLES – TOYS

ROCKING HORSE – BUTTER – KITE

TREE – TEDDY BEAR – TUG OF WAR

TAG – FLAG – HOPSCOTCH

FROG – DODGEBALL – VIDEO GAME

ACTIVITY 96

CONNECT THE SPORT TO THE BALL

CONECTE OS ESPORTES ÀS BOLAS.

TENNIS

VOLLEYBALL

BASKETBALL

BASEBALL

BOWLING

SOCCER

AMERICAN FOOTBALL

ACTIVITY 97

FOOTBALL OR SOCCER?

EXISTEM DUAS PALAVRAS PARA O MESMO ESPORTE. LIGUE OS PONTOS PARA DESCOBRIR QUAIS SÃO ELAS. EM SEGUIDA, DESENHE O JOGO E OS JOGADORES.

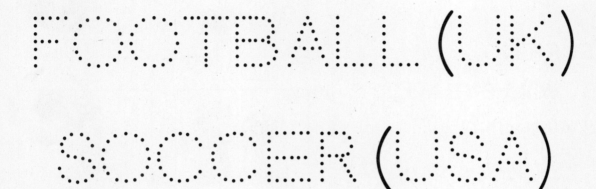

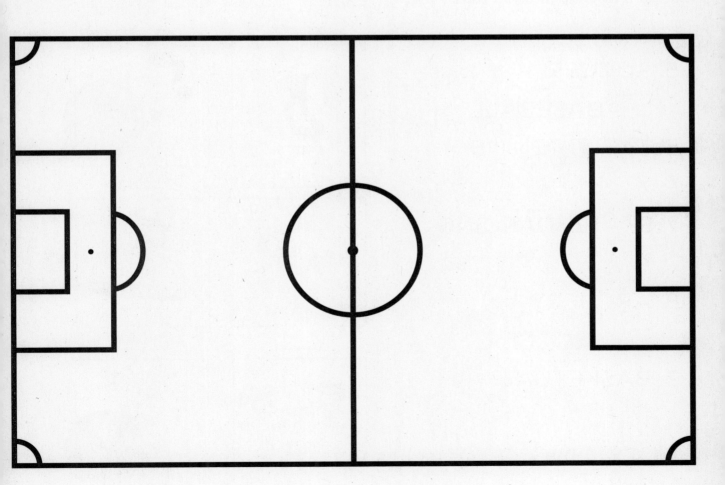

ACTIVITY 98

WHICH SPORT IS IT?

NUMERE AS CENAS DE ACORDO COM O NOME DE CADA ESPORTE.

1. VOLLEYBALL

2. SURFING

3. SWIMMING

4. MARTIAL ARTS

5. SOCCER

6. TABLE TENNIS

7. SKATEBOARDING

8. ARCHERY

9. BASKETBALL

10. CYCLING

ACTIVITY 99

MY FAVORITE GAME AND SPORT

QUAL É SUA BRINCADEIRA PREFERIDA? DE QUAL ESPORTE VOCÊ MAIS GOSTA? DESENHE-OS E ESCREVA O NOME DELES ABAIXO.

MY FAVORITE GAME/ACTIVITY IS _____

MY FAVORITE SPORT IS _____

ACTIVITY 100

WHERE CAN YOU PLAY?

ONDE VOCÊ PODE BRINCAR DE PEGA-PEGA OU EMPINAR PIPA NA SUA CASA? PINTE ESSE LUGAR DA CASA.

GARDEN (OUTSIDE/OUTDOORS)

ROOMS (INSIDE/INDOOR)

ACTIVITY 101

OUTSIDE

OBSERVE O LADO DE FORA DA CASA E COMPLETE AS PALAVRAS NOS ESPAÇOS.

HOUSE
ROOF
WINDOW
DOOR
GARDEN
WALLS
GARAGE

ACTIVITY 102

INSIDE

OBSERVE O LADO DE DENTRO DA CASA E ENUMERE OS CÔMODOS CORRETAMENTE.

1. BASEMENT
2. LAUNDRY ROOM
3. KITCHEN
4. DINING ROOM
5. LIVING ROOM
6. OFFICE
7. BATHROOM
8. BEDROOM
9. STAIRS
10. ATTIC

ACTIVITY 103

HOME STUFF

LIGUE OS OBJETOS AOS RESPECTIVOS NOMES.

TELEVISION

BED

 SOFA

REFRIGERATOR

 DISHWASHER

DOOR

 ARMCHAIR

FORK

CUP

 SPOON

POT

 OVEN

109

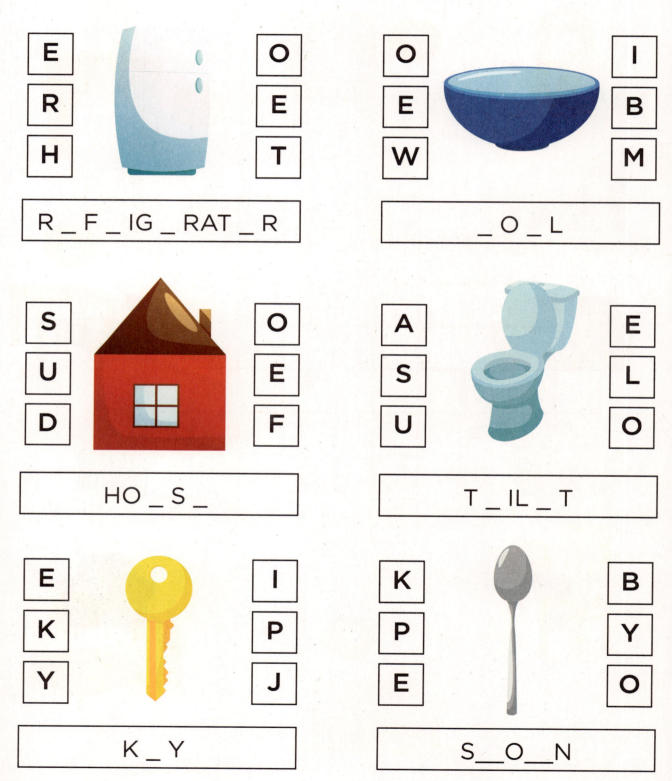

CROSSWORD

OBSERVE AS ILUSTRAÇÕES E FAÇA A CRUZADINHA.

ACTIVITY 106

WHAT IS IN THE FRIDGE?

CIRCULE APENAS O QUE DEVE FICAR NO REFRIGERADOR. DEPOIS, ESCREVA OS NOMES DO QUE CIRCULOU ABAIXO.

HOUSE ACTIVITIES

LIGUE CADA ATIVIDADE A UM LUGAR DA CASA.

BATHROOM

DINING ROOM

BEDROOM

KITCHEN

YARD

ACTIVITY 108

DAILY ROUTINE

COMO É A SUA ROTINA? ENUMERE AS CENAS DE ACORDO COM SEU DIA A DIA.

ACTIVITY 109

ROUTINE ACTIVITY NAMES

LEIA O NOME DAS ATIVIDADES DE ROTINA E ESCREVA-OS NA CENA CORRETA.

GO TO BED • HAVE BREAKFAST • PLAY WITH FRIENDS
BRUSH YOUR TEETH • GO TO SCHOOL

ACTIVITY 110

BREAKFAST

OBSERVE OS ALIMENTOS ABAIXO E CIRCULE OS QUE VOCÊ GERALMENTE COME NO CAFÉ DA MANHÃ.

JUICE　　　MILK　　　YOGURT

FISH　　　FRUITS　　　BREAD

CHICKEN　　　EGGS

LUNCH TIME

DESENHE NO PRATO ABAIXO O QUE VOCÊ COME NO ALMOÇO.

ACTIVITY 112

MATCH THE PICTURE

OBSERVE OS ALIMENTOS E ENUMERE AS CESTAS COM O NÚMERO CORRETO.

① LETTUCE
TOMATO
ONION

② TOMATO
ONION
EGGPLANT

③ TOMATO
LETTUCE
BEETROOT

④ LETTUCE
EGGPLANT
ONION

ACTIVITY 113

SNACK TIME

LIGUE OS NOMES AOS INGREDIENTES CORRETOS PARA PREPARAR A RECEITA.

FLOUR

SUGAR

EGG

BUTTER

CHOCOLATE CHIPS

VANILLA EXTRACT

ACTIVITY 114

DELICIOUS COOKIE

ESCREVA OS INGREDIENTES PARA COMPLETAR A RECEITA.

INGREDIENTS:

 200 g F _ _ _ _

 150 g S _ _ _ _

 100 g B _ _ _ _ _

 1 E _ _

 100 g C _ _ _ _ _ _ _ _
C _ _ _ _

 ½ teaspoon S _ _ _

EQUIPMENT:

1 BOWL

1 SPOON

1 TEASPOON

INSTRUCTIONS:

STEP 1: MIX THE [butter] AND THE [sugar].

STEP 2: ADD THE [egg] AND THE [salt].

STEP 3: ADD THE [flour] AND THE [chocolate chips].

STEP 4: PORTION THE COOKIES.

STEP 5: BAKE THE COOKIES.

ACTIVITY 115

DINNERTIME

CIRCULE OS INGREDIENTES PARA PREPARAR O SEU JANTAR. DEPOIS, ESCREVA O NOME DE CADA UM DELES.

E _ _ _   F _ _ _   P _ _ _ _ _

P _ _ _ _ _ _ _ _   T _ _ _ _ _ _ _

C _ _ _ _ _ _ _   C _ _ _ _ _ _

ACTIVITY 116

ANIMALS

PINTE APENAS OS ANIMAIS DE ESTIMAÇÃO.

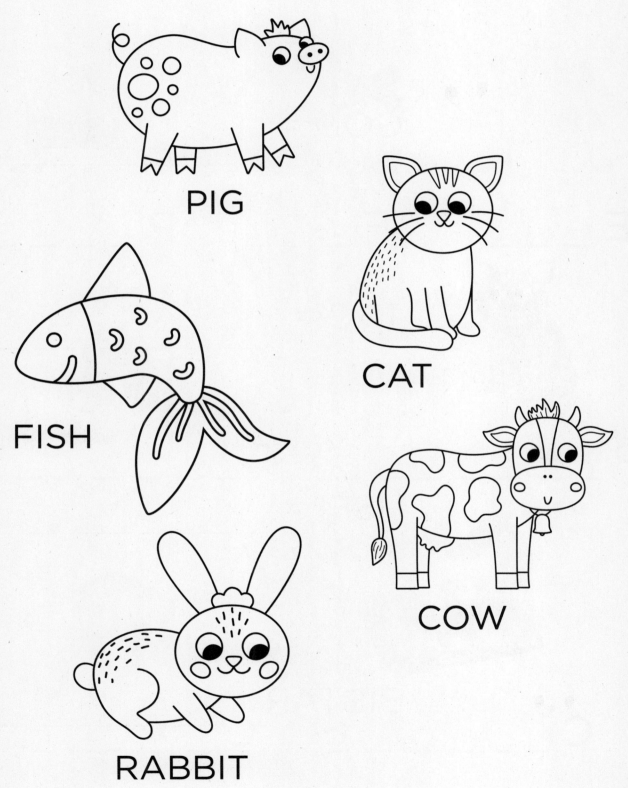

PIG

CAT

FISH

COW

RABBIT

ACTIVITY 117

LOVELY PETS

COLOQUE AS LETRAS EM ORDEM PARA ESCREVER OS NOMES DOS ANIMAIS DE ESTIMAÇÃO EM INGLÊS.

GOD = _____

TAC = _____

HSFI = _____

BIBTAR = _____

FEED THE ANIMALS

LIGUE OS ANIMAIS À COMIDA QUE ELES COMEM. DEPOIS, DESENHE CADA UM DOS ALIMENTOS.

ACTIVITY 118

ACTIVITY 119

IN THE JUNGLE

ESCREVA OS NÚMEROS DE ACORDO COM O NOME DE CADA ANIMAL. DEPOIS, PINTE APENAS OS ANIMAIS QUE VIVEM NA SELVA.

1. MONKEY
2. GIRAFFE
3. ELEPHANT
4. CHAMELEON
5. CAMEL
6. SEAHORSE
7. PUPPY

ACTIVITY 120

BIRDS

COMPLETE AS LETRAS PARA ESCREVER O NOME DOS PÁSSAROS. DEPOIS, LIGUE AS IMAGENS AOS NOMES.

TOUC☐N

D☐VE

CR☐W

EAGL☐

PARR☐T

127

CONGRATULATIONS!

VOCÊ CONCLUIU AS ATIVIDADES DE INGLÊS. CONTINUE PRATICANDO PARA ADQUIRIR CADA VEZ MAIS VOCABULÁRIO E SE COMUNICAR NESSA LÍNGUA TÃO FALADA MUNDIALMENTE.

LEIA O QR CODE E ACESSE AS RESPOSTAS DAS ATIVIDADES: